Number Handwriting Book
practice for kids

Copyright 2020.....
The Rights are reserved for the publisher,
It is not allowed to publish, copy, use any part of this book
or republish any paper, This book is for personnal use only,

A commercial use not allow.

34 34 34 34

35   35   35   35

36 36 36 36

37   37   37   37

38   38   38   38

39 39 39 39

40　40　40　40

41 41 41 41 41

42 42 42 42

43 43 43 43

44　44　44　44

45 45 45 45

46 46 46 46

47 47 47 47

48   48   48   48

49   49   49   49

50   50   50   50

51 51 51 51 51

52 52 52 52

53 53 53 53

54 54 54 54

55 55 55 55

56 56 56 56

57 57 57 57

58 58 58 58

59   59   59   59

60 60 60 60

61 61 61 61 61

62   62   62   62

63   63   63   63

64   64   64   64

65 65 65 65

66   66   66   66

67   67   67   67

68 68 68 68

69 69 69 69

70 70 70 70

71 71 71 71 71

72   72   72   72

73 73 73 73

74 74 74 74

75 75 75 75

76 76 76 76

77 77 77 77

78   78   78   78

79 79 79 79

80　　80　80　　80

81　　81　　81　　81　　81

82 82 82 82

83   83   83   83

84 84 84 84

85   85   85   85

86   86 86   86

87　87　87　87

88   88   88   88

89 89 89 89

90   90   90   90

91   91   91   91   91

92 92 92 92

93   93   93   93

94   94   94   94

95   95   95   95

96   96   96   96

97 97 97 97

98   98   98   98

99   99   99   99

100   100   100

Printed in Great Britain
by Amazon